Johannes Westerkamp

# Der verschollene Pharaonenschatz in der Elbmündung

## Heinrich Menu von Minutoli und die Anfänge des Ägyptischen Museums in Berlin

*Gebauer, Ernst: General Johann Heinrich Frhr. Menu von Minutoli,
Ölgemälde 1823, Provenienz Schloss Königsberg, verschollen*

Johannes Westerkamp

# Der verschollene Pharaonenschatz in der Elbmündung

## Heinrich Menu von Minutoli und die Anfänge des Ägyptischen Museums in Berlin

Bibliografische Information der Deutschen Nationalbibliothek: Die Deutsche Nationalbibliothek verzeichnet diese Publikation in der Deutschen Nationalbibliografie; detaillierte bibliografische Daten sind im Internet über http: //dnb.dnb.de abrufbar.




Herstellung und Verlag: BoD – Books on Demand, Norderstedt

Umschlagfoto: Kugelbake Cuxhaven © Cara Westerkamp

**ISBN: 978-3-755-760771**

# Inhalt

Anhang

# *Vorwort*

200 Jahre ist es her, dass eine Schiffsladung mit einzigartigen altägyptischen Artefakten in der Elbmündung untergegangen und seitdem nicht wiederaufgetaucht ist. Diese Kunstwerke wären imstande gewesen, die preußische Hauptstadt Berlin im Nu auf einen Spitzenplatz der neu entstehenden ägyptischen Museen in Europa zu katapultieren.

Apropos Wiederauftauchen: Mitte März 2016 hatte ich in der Berliner Zeitung den doppelseitigen Artikel „Die Suche nach dem Schatz der Gottfried" von Günter Marks gelesen. Der Bericht verschwand in der Versenkung, bis ich Ende 2020 wieder auf ihn stieß. Seitdem hält mich das Thema in seinem Bann: die ersten Jahrzehnte des 19. Jahrhunderts als eine richtungsweisende Epoche für Kunst und Kultur in Europa. Ein charismatischer, leicht geheimnisvoller Protagonist. Eine knapp einjährige Expedition nach Ägypten mit allen Zutaten einer filmreifen Abenteuerreise. Das Zusammentragen eines riesigen Schatzes an Artefakten. Ein verhängnisvolles Schiffsunglück mit acht Toten. Untergang der wertvollen Fracht. Jahrzehntelange Suche mit kriminalistischem Feingespür nach dem Ort der Havarie und: nach 200 Jahren der noch immer verschollene Pharaonenschatz in der Elbmündung.

Auf Fußnoten habe ich bewusst verzichtet. Das erhöht den Lesefluss und damit das Lesevergnügen. Für weiterführende Informationen steht ein ausführliches Literaturverzeichnis am Ende des Buches zur Verfügung.

Ich möchte mich bei allen bedanken, die mich bei diesem Projekt unterstützt haben: der Direktorin des Ägyptischen Museums in Berlin, Prof. Dr. Friederike Seyfried, Dr. Olivia Zorn und Dr. Jan Moje; dem Historiker und Minutoli-Experten Harry Nehls aus Berlin, den beiden Forschern Rainer Leive und Dr. Joachim S. Karig und Dr. Frank Hildebrandt vom Museum für Kunst und Gewerbe in Hamburg; dem Helmholtz-Zentrum Hereon in Geesthacht, dem Archäologischen Landesamt Schleswig-Holstein, dem Stadtarchiv Greifswald, der Minutoli-Gesellschaft Berlin e.V. und Claudio Rizzello für seine Italien-Recherche.

Dr. Wolfgang Eisert und Michael Stroh danke ich für die Durchsicht meines Manuskripts und ihre konstruktive Kritik, und last, but not least meiner Tochter Cara Westerkamp für Redaktion & Layout.

Falkensee, den 11. März 2022

J.W.

Dies soll zu einer revolutionären Volksbefreiungsarmee führen, die die „Souveränität und Sicherheit" der Volksrepublik China gewährleisten kann.

„Jederzeit kampfbereit zu sein, muss nach wie vor vorrangig für unsere Armee sein, und wir müssen unsere Abschreckungs- und Kampffähigkeiten im Informationszeitalter umfassend steigern sowie unsere Souveränität, Sicherheit und Entwicklungsinteressen wahren. Die gesamte Armee muss militärischen Übungen strategische Bedeutung beimessen, um ihre reale Kampffähigkeit ständig zu erhöhen."

„Es gilt, unsere Streitkräfte nach den Erfordernissen eines realen Krieges hart und strikt zu trainieren. Bei der Modernisierung der Armee soll den Vorbereitungen auf militärische Kämpfe ständig Vorrang eingeräumt werden, um die Fähigkeiten der Armee zur Erfüllung vielfältiger militärischer Aufgaben, von denen die Fähigkeit zum Gewinnen lokal begrenzter Kriege unter den Bedingungen der Verbreitung der Informationstechnologie den Kern bildet, umfassend zu erhöhen."

„Wir müssen unsere militärische Reform weiter vertiefen und ein System moderner militärischer Kräfte chinesischer Prägung aufbauen", eine „revolutionäre Volksarmee, die dem Kommando der Partei folgt", „im Ernstfall auch kampf- und siegesfähig".

Xi Jinping betont zugleich den friedliebenden Charakter der Volksrepublik China: „Die chinesische Nation ist eine friedliebende Nation. Kriege aus der Welt zu schaffen und Frieden zu erreichen, ist seit dem Eintritt in die Moderne die dringlichste und größte Sehnsucht des chinesischen Volks."

Im rein quantitativen Vergleich zur KPCh stellt die Partei DIE LINKE in Deutschland mit ihren rund 60 Tausend Mitgliedern eine fast vernachlässigbare Größe dar. Die Frage drängt sich auf, warum dies in Bezug auf die militärpolitischen Vorstellungen der LINKEN anders sein sollte, und auch die Frage, ob nicht ein großes Maß an Hybris dazu gehört, zu glauben oder zu behaupten, die militärpolitische Position der LINKEN in Deutschland sei das Gelbe vom Ei.

**Exkurs Ende**

Vernünftigerweise sollte DIE LINKE sowohl in Opposition als auch in (sozialistischer) Regierungsverantwortung sich für die Schaffung von effektiven, der Bevölkerung verbundenen und verpflichteten, demokratisch kontrollierten, sozialistischen Verteidigungsstreitkräften stark machen, die gegen jede Art von Aggressionen von außen bestehen können, sich aber jeder Art eigener Aggression nach innen oder außen enthalten. Statt „Bundeswehr abschaffen!" müsste die Parole linker politischer Logik lauten:

„Sozialistische Verteidigungsstreitkräfte aufbauen!".

**„Rüstungsproduktion einstellen!"**

Hier gilt Ähnliches wie in Bezug auf die falsche Forderung „Bundeswehr abschaffen!". Dieselbe linke politische Logik, die den Aufbau sozialistischer Verteidigungsstreitkräfte verlangt, führt zwingend zur Formel:

„Sozialistische Rüstungsproduktion unter gesellschaftlicher Verwaltung und demokratischer Kontrolle aufbauen!"

**„Rüstungsexporte beenden!"**

Diese Forderung ist selbst unter jetzigen Vorzeichen eine falsche. Warum beispielsweise sollten Rüstungsexporte an die Regierungen Iraks und Syriens, die dem Zweck dienen, den IS, Al Qaida etc. in Syrien/Irak zu besiegen, nicht durchgeführt werden?

Die alles entscheidenden Kriterien für oder gegen einen Waffenexport dürften für eine LINKE, egal ob sie sich in Opposition befindet oder in (sozialistischer) Regierungsverantwortung, alleine lauten, ob

a)   der Einsatz der exportierten Waffen im Rahmen des Völkerrechts erfolgen soll und wird
und
b)   der Einsatz einem sozialistischen, antikapitalistischen, antiimperialistischen, antikolonialistischen Maßstab genügt.

Die eigentliche und vordringliche Aufgabe bestünde daher darin, den sozialistischen, antikapitalistischen, antiimperialistischen, antikolonialistischen Maßstab zu definieren und in jedem Einzelfall zur Anwendung zu bringen.

Rüstungsexporte an Staaten, Nationen, Völker, Verbündete, die diesen Kriterien genügen und ganz dem Zweck der Selbstverteidigung gegen militärische Aggressionen von außen dienen, sollten daher für eine LINKE, die

sich internationalistische Solidarität auf die Fahnen schreibt, eine Selbstverständlichkeit sein.

**„Keine Auslandseinsätze der Bundeswehr!"**

Auch hier hat DIE LINKE bereits unter heutigem Vorzeichen eine andere, politisch intelligentere, Antwort zu geben als sie es mit dieser Forderung bisher tut.

Auslandseinsätze der Bundeswehr sollten (in Opposition) nicht grundsätzlich abgelehnt werden, sondern dann unterstützt werden, wenn sie

a) völkerrechtliche Legitimität und Konformität besitzen
   und
b) dem sozialistischen, antikapitalistischen, antiimperialistischen, antikolonialistischen Maßstab der LINKEN genügen.

Dass dies nur mit einer gut ausgebildeten und ausgestatteten Bundeswehr geschehen kann, ist dabei selbstverständlich.

Nach dem Aufbau sozialistischer Verteidigungsstreitkräfte und in sozialistischer Regierungsverantwortung stellt sich die Situation nicht anders dar.

**Morbach, den 26.10.2017**

**Rainer Stablo**

**Anhang:**

**LINKE „Selbstverständlichkeiten", „Grundwahrheiten", „rote Haltelinien" in Sachen Krieg und Frieden auf den Prüfstand gestellt und ins linke Licht gerückt:**

| Falsch | | Richtig |
|---|---|---|
| | | |
| Bomben schaffen keinen Frieden! | | Auch Bomben können Frieden schaffen! |
| | Frieden schaffen ohne Waffen! | Auch Waffen können Frieden schaffen! |
| | Schwerter zu Pflugscharen! | |
| Bundeswehr abschaffen! | | Sozialistische Verteidigungsstreitkräfte aufbauen! |
| Rüstungsproduktion einstellen! | | Sozialistische Rüstungsproduktion unter gesellschaftlicher Verwaltung und demokratischer Kontrolle aufbauen! |
| Rüstungsexporte beenden! | | Rüstungsexporte unterstützen, wenn sie a) völkerrechtlich legitim und konform sind und b) sozialistischem, antikapitalistischem, antiimperialistischem, antikolonialistischem Maßstab genügen! |
| Keine Auslandseinsätze der Bundeswehr! | | Auslandseinsätze der Bundeswehr bzw. der sozialistischen Verteidigungsstreitkräfte unterstützen, wenn sie a) völkerrechtlich legitim und konform sind und b) sozialistischem, antikapitalistischem, antiimperialistischem, antikolonialistischem Maßstab genügen! |

**28.10.2017**

**Beitrag in der geschlossenen Facebook-Gruppe „Wir LINKEN im Südwesten"**

Fidel Castro Ruz, Die „Unabhängigkeit" ist „das Schönste in der Geschichte und Tradition eines Landes".

Ho Chi Minh, „Nichts ist wertvoller als Unabhängigkeit und Freiheit"

Oktober/November 2017

**Unabhängigkeitserklärung Kataloniens – Geschichte wird geschrieben.**

Es bewegt sich (endlich wieder) etwas im erstarrten Europa, genauer in der Europäischen Union.

Diesmal ausgelöst durch die in der Unabhängigkeitserklärung des katalonischen Parlaments zum Ausdruck gebrachten Bestrebungen eines großen, wahrscheinlich des größten, Teils der Bevölkerung Kataloniens, sich von Spanien zu lösen.

Die einen spanischen Nationalismus pflegende nachfranquistische parlamentarische Monarchie Spaniens ist existentiell herausgefordert. Das Baskenland könnte folgen, möglicherweise auch Galizien, Valencia oder andere Provinzen/Regionen. Der Anfang vom Ende auch der Reste des früheren spanischen Imperiums könnte eingeläutet sein.

Für LINKE sollte allein dies schon Grund genug sein, diesen Loslösungsprozess (Unabhängigkeit und Freiheit) politisch zu unterstützen, umso mehr als der Unabhängigkeitsansatz der katalanischen Bevölkerung kein genuin nationalistischer ist und auch entschieden von antikapitalistischen (internationalistischen) Kräften unterstützt wird (CUP).

DIE LINKE sollte daher insbesondere solidarisch sein mit den (linken) Bewegungen und Bevölkerungsteilen Kataloniens, die den Prozess der Loslösung von Spanien auch in Richtung Kapitalismusüberwindung und Unabhängigkeit vom imperialistischen Block EU/USA/NATO verschieben wollen.

Ob sich der katalonische Unabhängigkeitsprozess letztlich auch in diese sozialistische Richtung bewegen wird, ist ungewiss und das wird die Zukunft zeigen. Den Versuch ist es allemal wert und sollte von einer antiimperialistischen, internationalistischen LINKEN unterstützt werden.

Genauso wird sich zeigen, ob die von der postfranquistischen konservativen Volkspartei (PP) getragene Minderheitsregierung Spaniens (mit Unterstützung der sozialdemokratischen „sozialistischen Arbeiterpartei" (PSOE) und/oder Podemos?) - unter dem Oberbefehl des Königs - letztlich Panzer rollen lassen wird, um zu versuchen, den Unabhängigkeitsprozess gewaltsam zu zerschlagen.

Geschichte wird geschrieben.

**26.10.2017**

**Beitrag in der geschlossenen Facebook-Gruppe „Wir LINKEN im Südwesten"**

Lieber Wilhelm,

da hast Du meine volle Zustimmung.

Sozialistische Politik (Praxis, Theorie, Taktik und Strategie) benötigt als Grundlage und Begründung wissensbasierte (wissenschaftliche) Rationalität. Emotionales Moralisieren ist da fehl am Platz. Das gilt in unseren imperialistischen Zeiten auch und vor allem im Hinblick auf eine rational begründete sozialistische Militärpolitik, an der es in der LINKEN vollends fehlt.

Ein unverstellter, rationaler, kritisch-solidarischer Blick über den Tellerrand hinaus auf die sozialistische Republik Kuba (Revolutionäre Streitkräfte), die sozialistische Republik Vietnam (Vietnamesische Volksarmee), die Bolivarische Republik Venezuela (Bolivarische Nationale Streitkräfte) sowie die sozialistische Volksrepublik China (Volksbefreiungsarmee) dürfte da meines Erachtens schon helfen.

Warum sollte DIE LINKE in Deutschland in dieser Sache die (sozialistische) Weisheit gepachtet haben?

**17.10.2017**

**Beitrag in der geschlossenen Facebook-Gruppe „Wir LINKEN im Süd-
westen"**

Der 19. Parteitag der mit 89 Millionen Mitgliedern größten Kommunisti-
schen Partei der Welt, der Kommunistischen Partei Chinas, hat begonnen.
Ob das für die rund 60 Tausend Mitglieder der LINKEN in Deutschland von
Interesse sein sollte?

Ich denke ja, deshalb erneut ein Blick über den Tellerrand hinaus,
17./18.10.2017:

**1. Junge Welt vom 18.10.2017**
 (https://www.jungewelt.de/loginFailed.php?ref=/arti-
kel/320230.f%C3%BCr-sozialistische-demokratie.html)

**„Für sozialistische Demokratie**

Parteitag der KP Chinas in Beijing eröffnet. Rechenschaftsbericht von Xi
Jinping: Ratschläge des Westens verbeten

 In der Großen Halle des Volkes in Beijing ist am Mittwoch der 19. Parteitag
der Kommunistischen Partei Chinas eröffnet worden. Zum Auftakt trug der
chinesische Präsident Xi Jinping, der in Begleitung seiner Vorgänger Jiang
Zemin und Hu Jintao den Versammlungssaal betreten hatte, als General-
sekretär des Zentralkomitees den Rechenschaftsbericht vor. Er forderte,
die Stellung des Volkes als Herr im eigenen Haus müsse vervollständigt und
eine sozialistische demokratische Politik entwickelt werden. Nur eine sol-
che könne die grundlegenden Interessen des Volkes wahren. Es gelte,
durch entsprechende Regelwerke die Stellung des Volkes als Herr des Staates zu garantieren.

Xi sagte, die politische Entwicklung des Sozialismus chinesischer Prägung
sei ein Resultat des langjährigen Kampfes des Volkes und eine Notwendig-
keit für die Verwirklichung der grundlegenden Ziele der Partei. Das politische System könne nicht losgelöst von den eigenen gesellschaftlichen und
politischen Bedingungen sowie der historischen und kulturellen Tradition
beurteilt werden. Auch Modelle ausländischer politischer Systeme ließen

sich nicht mechanisch übertragen, wies der Parteichef entsprechende Ratschläge aus dem Westen zurück.

Vor Hammer und Sichel sowie roten Fahnen sprach der Parteichef mehr als dreieinhalb Stunden zu den Delegierten. In seiner vielfach von Beifall unterbrochenen Rede zeigte sich Xi zwar optimistisch, warnte seine Genossen jedoch auch vor Gefahren. Sowohl China als auch die Welt steckten »in tiefgreifenden und komplizierten Veränderungen«. Alle Genossen müssten entschieden gegen alles angehen, was die Partei untergrabe.

Während Xi die Fortschritte im Land hervorhob, wies er auch auf »Unzulänglichkeiten in unserer Arbeit« und »akute Probleme« hin. So sei die Entwicklung Chinas »unausgewogen und unangemessenen«. Die Wirtschaft warte auf Besserung, und im Umweltschutz gebe es noch viel zu tun. Der Markt müsse eine »entscheidende Rolle« spielen, doch der Staat müsse die seine besser erfüllen.

Das vom Parteitag zu wählende neue Zentralkomitee wird am nächsten Mittwoch, einen Tag nach Abschluss des Kongresses, zusammentreten, um das neue Politbüro zu wählen. Aus diesem bildet sich das oberste Machtgremium, der Ständige Ausschuss des Politbüros. (Xinhua/dpa/jW)"

**2. Tagesspiegel vom 17.10.2017** (http://www.tagesspiegel.de/politik/parteitag-der-kommunistischen-partei-chinas-xi-jinping-warnt-genossen-vor-ernsten-herausforderungen/20469780.html)

**16.10.2017**

**Beitrag in der geschlossenen Facebook-Gruppe „Wir LINKEN im Süd-westen"**

über den Tellerrand hinaus geschaut, 16.10.2017:

Sozialisten bei Gouverneurswahlen in Venezuela erfolgreich

https://amerika21.de/2017/10/187437/gouverneurswahlen-venezuela-2017

**15.10.2017:**

**Beitrag in der geschlossenen Facebook-Gruppe „Wir LINKEN im Süd-westen"**

Der Krieg gegen den IS in Syrien geht entschlossen weiter, auch nachdem die vorletzte "Hauptstadt" des IS in Syrien, Al-Mayadin, von SAA (und Verbündeten) befreit worden ist:

Syrian Army Preparing To Cross Euphrates And To Advance Towads Omar Oil Fileds – Reports

https://southfront.org/syrian-army-preparing-to-cross-euphrates-and-to-advance-towads-omar-oil-fileds-reports/

**08.10.2017:**

**Beitrag in der geschlossenen Facebook-Gruppe „Wir LINKEN im Süd-westen"**

nach den opferreichen Rückschlägen der letzten Woche, die Situation im Osten Syriens:

Map: Military Situation In Central Syria After Government Forces Restored Control Over Palmyra-Deir Ezzor Highway

https://southfront.org/map-military-situation-in-central-syria-after-government-forces-restored-control-over-palmyra-deir-ezzor-highway/

**08.10.2017:**

**06.10.2017**

**Beitrag in der geschlossenen Facebook-Gruppe „Wir LINKEN im Süd-
westen"**

Nach einer schwierigen Woche mit einigen Rückschlägen geht der Krieg
der Regierungstruppen und ihrer Verbündeten gegen den IS und HTS in
Syrien mit Entschlossenheit weiter:

Overview Of Battle Against ISIS In Central Syria On October 6, 2017 (Pho-
tos, Video, Map)

https://southfront.org/overview-of-battle-against-isis-in-central-syria-on-
october-6-2017-photos-map/

**02.10.2017**

**Beitrag in der geschlossenen Facebook-Gruppe „Wir LINKEN im Südwesten"**

Zum Nachdenken über das Ergebnis der Bundestagswahlen und darüber, ob es tatsächlich zielführend ist, die Illusionen hinsichtlich parlamentarischer Beteiligung in einer Diktatur (des Kapitals) allzu sehr ins Kraut schießen zu lassen.

Gene Sharp

„Um gegen eine Diktatur erfolgreich zu sein, bedarf politischer Widerstand sorgfältiger" strategischer „Planung und Vorbereitung". „Wahlen als Instrument grundlegenden politischen Wandels kommen in einer Diktatur nicht in Frage."

Franco „Bifo" Berardi

"Die Institutionen der Demokratie sind übrig geblieben, ihre Rituale. Wir halten Wahlen ab, so wie manche Urvölker Regentänze aufführten. Hatten ihre Tänze Einfluss auf den Gang der Wolken?"

**02.10.2017**

**Beitrag in der geschlossenen Facebook-Gruppe „Wir LINKEN im Südwesten"**

Zum Nachdenken über den Stellenwert des Unabhängigkeitsreferendums in Katalonien einige Zitate von nicht ganz unbedeutenden Persönlichkeiten der Weltgeschichte:

**Fidel Castro Ruz**

Die „Unabhängigkeit" ist „das Schönste in der Geschichte und Tradition eines Landes". Es kann „keine politische Unabhängigkeit" geben „ ohne eine wirtschaftliche Unabhängigkeit".

**Ho Chi Minh**

„Nichts ist wertvoller als Unabhängigkeit und Freiheit".

**Ernesto Che Guevara**

„Das strategische Ziel muss die Zerstörung des Imperialismus sein." „Die reale Freiheit der Völker ist (…) der grundlegende Faktor dieses strategischen Ziels."

**01.10.2017**

**Beitrag in der geschlossenen Facebook-Gruppe „Wir LINKEN im Südwesten"**

In der Tat, da hat sich die Regierung Spaniens mit ihrem Polizeistaatsauftritt beim heutigen Unabhängigkeitsreferendum in Katalonien vor aller Welt ja prächtig blamiert.
Dabei wird sie die Unabhängigkeit Kataloniens (Selbstbestimmung, Souveränität) nicht aufhalten können!

Was wohl in Bayern, Kalifornien, Schottland (erneut) etc. geschehen würde, käme es dort zu vergleichbaren Unabhängigkeitsreferenden?

Der in der UN-Charta anerkannte Grundsatz der Gleichberechtigung und Selbstbestimmung der Völker wird noch so manchem Belastungstest unterzogen werden.

**22.09.2017**

**Beitrag in der geschlossenen Facebook-Gruppe „Wir LINKEN im Südwesten"**

Der Krieg gegen den IS schafft Fakten in Syrien. SDF (USA/YPG/YPJ und andere, völkerrechtswidrig) und SAA (Russland/Iran/Hezbollah und andere, völkerrechtskonform) stehen sich nun auch am Ostufer des Euphrat (bei Deir ez-Zor) direkt gegenüber. Die Gefahr einer offenen militärischen Konfrontation wächst.

Overview Of Battle For Deir Ezzor On September 22, 2017 (Evening)

https://southfront.org/overview-battle-deir-ezzor-september-22-2017-evening/

**19.09.2017**

**Beitrag in der geschlossenen Facebook-Gruppe „Wir LINKEN im Südwesten"**

**Donald J. Trump heute vor der UN-Generalversammlung,**

eine antisozialistische, antikommunistische und (neo)imperialistische Kampfansage des USA-Präsidenten (in Auszügen):

„(...) we must work together and confront together those who threaten us with chaos, turmoil and terror. The scourge of our planet today is a small group of rouge regimes that violate every principle on which The United Nations is based. They respect neither their own citizens nor the sovereign rights of their countries. (...)

North Corea (...) band of criminals (...) The United States has great strength and patience but if it is forced to defend itself or its allies we will have no choice but to totally destroy North Corea.

Rocket Man is on a suicide mission for himself and for his regime. The Untites States is ready, willing and able, but hopefully this will not be necessary. Thats what The United Nations is all about. Thats what The United Nations is for. Let´s see how they do."

„(...) another reckless regime (...) the Iranian Government
(...) corrupt dictatorship (...) murderous regime (...)
oppressive regimes (...)"

„Bashar al Assads dictatorship (...) criminal regime of Bashar al Assad (...)"

„(...) against the corrupt, destabilizing regime in Cuba (...) my administration recently announced that we will not lift sanctions on the cuban government until it makes fundamental reforms."

„We have also imposed tough calibrated sanctions on the socialist Maduro regime in Venezuela (...)

The socialist dictatorship of Niclas Maduro (...) This corrupt regime destroyed a prosporous nation by imposing a failed ideology, that has produced poverty and misery everywhere it has been tried. (...)

This situation is completely unaccaptable and we cannot stand by and watch. As a responsible neighbour and friend we and all us have a goal. That goal ist to help them regain their freedom, recover their country and restore their democracy (...)

The United States is taking important steps to hold the regime accountable. We are prepared to take further action if the government of Venezuela persist on its path to impose authoritarian rule on the venezuelan people (...)

The problem in Venezuela is not that socialism has been poorly implemented, but that socialism has been faithfully implemented.

From the Soviet Union to Cuba to Venezuela, wherever true socialism or communism has been adopted, it has delivered anguish and devastation and failure.

Those who preach the tenets of these discredited ideologies only contribute to the continued suffering of the people who live under these cruel systems.

America stands with every person living under a brutal regime. Our respect for sovereignty is also a call for action. All people deserve a government that cares for their safety, their interests and their well beeing including their prosperity."

Quelle: https://www.youtube.com/watch?v=EF6QWJbykKM

**18.09.2017:**

**Beitrag in der geschlossenen Facebook-Gruppe „Wir LINKEN im Südwesten"**

Scheinbar tatsächlich geschafft im Befreiungskrieg gegen den IS: der Brückenkopf der syrischen Armee und ihrer Verbündeten auf dem Ostufer des Euphrats, südöstlich von Deir ez-Zor!!!

Map update: Syrian Army crosses Euphrates River into ISIS-held eastern Deir Ezzor

https://www.almasdarnews.com/article/map-update-syrian-army-crosses-euphrates-river-isis-held-eastern-deir-ezzor/

**17.09.2017:**

**per E-Mail an Melanie Wery-Sims**

**Liebe Melanie,**

Wahlkampf? Jeder Tag zählt? Wirklich?

Dazu nur diese beiden kurzen Zitate:

1. Franco "Bifo" Berardi: "Die Institutionen der Demokratie sind übrig geblieben, ihre Rituale. Wir halten Wahlen ab, so wie manche Urvölker Regentänze aufführten. Hatten ihre Tänze Einfluss auf den Gang der Wolken?" (Stichwort: Wahlen)

2. Gene Sharp: "Wahlen als Instrument grundlegenden politischen Wandels kommen in einer Diktatur nicht in Frage." (Stichwort: Diktatur des Kapitals)

und etwas ausführlicher, den Nagel ziemlich genau auf den Kopf treffend (Stichwort: repräsentative Demokratie als Instrument der Herrschaftssicherung):

3. Rainer Mausfeld: "Wahlen sind also nur ein vergleichsweise nebensächlicher Aspekt der demokratischen Willensbildung. Von den jeweiligen Machteliten werden sie jedoch gerne - unter Vernachlässigung und Mißachtung entscheidender Kernelemente der demokratischen Leitidee – in den Vordergrund gestellt, weil sie besonders geeignet sind, im Volk eine Illusion von Demokratie und von Volkssouveränität zu erzeugen. Mit einer solchen Illusion läßt sich der natürliche Widerstand gegen eine gesellschaftliche Fremdbestimmung lahmlegen. In oligarchischen Strukturen, wie sie auch eine Elitendemokratie verkörpert, sind also Wahlen nicht Ausdruck einer Volkssouveränität. Vielmehr sind sie ein Instrument der Herrschaftssicherung, das besonders geeignet ist, Veränderungsbedürfnisse zu neutralisieren und in eine gewünschte Richtung zu lenken. Machteliten machen daher, trotz ihres grundsätzlichen Mißtrauens dem Volk gegenüber, gerne von Wahlen Gebrauch, um die mit ihnen verbundene gesellschaftliche Befriedungsfunktion zu nutzen. Dies gilt selbst für autokratische und autoritäre Herrschaftsformen. Benito Mussolini hat eine entsprechende Haltung zu Wahlen besonders unverblümt zum Ausdruck gebracht

(4. Oktober 1922): „Alle können wählen, bis zur Langeweile, bis zur Verblödung." Zu einer Elitendemokratie, wie sie sich in den gegenwärtigen Formen einer repräsentativen Demokratie ausdrückt, gibt es eine Vielzahl von sorgfältig ausgearbeiteten Alternativen, die der Leitidee von Demokratie sehr viel näher kommen. Sie werden - häufig unter Stichworten wie ‚partizipatorische Demokratie', ‚Radikaldemokratie`, ‚Rätedemokratie' u.a. – in der entsprechenden Literatur seit je intensiv diskutiert. Interessanterweise sind sie jedoch in der öffentlichen Diskussion praktisch nicht präsent und gleichsam unsichtbar. Diese Unsichtbarkeit von ernsthaft demokratischen Alternativen ist selbst wiederum Folge einer jahrzehntelangen Indoktrination, in der die gegenwärtige Form einer ‚repräsentativen Demokratie' nicht nur als beste Form von Demokratie vermittelt wird, sondern auch als alternativlos, da sie die einzig praktikable Realisierung der Leitidee von Demokratie sei. Auch Alternativkonzeptionen, die der Leitidee von Demokratie näher kommen, sind durchaus auf Formen einer Repräsentation und auf Funktionseliten angewiesen. Vorrangig vor solchen prozeduralen Fragen sind jedoch die substantiellen Fragen der Partizipation, der Unterordnung der Staatsapparate unter das demokratische Gesetz sowie Fragen der Verantwortlichkeit und Rechenschaftspflichtigkeit der gewählten Repräsentanten dem Volk gegenüber. Durch die Indoktrination einer Alternativlosigkeit von ‚repräsentativer Demokratie' haben wir im gesellschaftlichen Gedächtnis die eigentlichen geschichtlichen Triebfedern dieser Form der Elitenherrschaft vergessen und sind gar nicht mehr in der Lage zu erkennen, dass die Idee einer ‚repräsentativen Demokratie' gerade zur Abwehr von wirklicher Demokratie entstanden ist."

Zitate aus:

Rainer Stablo, freie sozialistische Republik Deutschland 2018, ISBN 978-3-74127-152-6, BoD 2016

Rainer Mausfeld, Die Angst der Machteliten vor dem Volk, 2016, http://www.uni-kiel.de/psychologie/mausfeld/pubs/Mausfeld_Die_Angst_der_Machteliten_vor_dem_Volk.pdf

Ich denke, auch DIE LINKE geht einer überaus schlauen und erfolgreichen Konzeption des Machterhaltes der Eliten/Herrschenden (im Kapitalismus) mittlerweile vollends auf den Leim, anstatt sich schnellstmöglich (die Zeit

wird immer knapper, Stichwort Klimawandel) um die Entwicklung und Umsetzung von Strategien zur (revolutionären) Überwindung des Kapitalismus zu kümmern.

Nichts für ungut.

Mit sozialistischen Grüßen

**14.09.2017:**

**Beitrag in der geschlossenen Facebook-Gruppe „Wir LINKEN im Süd-westen"**

Eine recht gute Einschätzung von Manfred Ziegler zu Syrien/Irak/IS/SDF:

IS-Alptraum zuende

https://unsere-zeit.de/de/4937/internationale_politik/6450/IS-Alptraum-zuende.htm

**14.09.2017:**

**Beitrag in der geschlossenen Facebook-Gruppe „Wir LINKEN im Süd-westen"**

Syrien/Irak 14.09.2017

Military Situation In Syria And Iraq On September 14, 2017 (Map Update)

https://southfront.org/military-situation-in-syria-and-iraq-on-september-14-2017-map-update/

**10.09.2017:**

**Beitrag in der geschlossenen Facebook-Gruppe „Wir LINKEN im Süd-
westen"**

Kuba braucht unsere Hilfe - Hurrikan "Irma" wütet auf Cuba
Spendenkampagne der Freundschaftsgesellschaft BRD-Kuba e.V. für Hur-
rikan-Hilfe:

http://www.fgbrdkuba.de/soli/hurrikan-irma.php

**09.09.2017:**

**Beitrag in der geschlossenen Facebook-Gruppe „Wir LINKEN im Südwesten"**

Weitere Erfolge der syrischen Truppen bei Deir ez-Zor im Krieg gegen den IS:

Syrian Army Broke ISIS Siege On Strategic Deir Ezzor Airport – Syrian MoD

https://southfront.org/syrian-army-broke-isis-siege-strategic-deir-ezzor-airport/

**07.09.2017:**

**Beitrag in der geschlossenen Facebook-Gruppe „Wir LINKEN im Süd-westen"**

Taten statt Worte - Die militärische "Zurückdrängung" des IS, von Al Qaida (Al-Nusra), Ahrar al-Sham etc. in Syrien vom 01.01.2017 bis

05.07.2017 (mit einer territorialen Ungenauigkeit nördlich von Latakia und Idlib zu Lasten der Türkei):

Map Comparison: Military Situation In Syria – January 1, 2017 Vs September 5, 2017

https://southfront.org/map-comparison-military-situation-in-syria-january-1-2017-vs-september-5-2017/

**06.09.2017:**

**Beitrag in der geschlossenen Facebook-Gruppe „Wir LINKEN im Süd-westen"**

Zum drüber Nachdenken:

Während Deutschland sich fast ausschließlich mit sich selbst beschäftigt und auf den Wahlk(r)ampf fokussiert, finden existenziellere Dinge in der Welt statt: neben den historischen Erfolgen im Krieg gegen den IS in Syrien (und Irak) auch u.a. die Vorbereitung Kubas auf den Wirbelsturm Irma:

Nota informativa No 1 del Estado Mayor Nacional de la Defensa Civil sobre el huracán Irma

http://www.granma.cu/cuba/2017-09-05/nota-informativa-no-1-del-estado-mayor-nacional-de-la-defensa-civil-sobre-el-huracan-irma-05-09-2017-15-09-33

**05.09.2017:**

**Beitrag in der geschlossenen Facebook-Gruppe „Wir LINKEN im Süd-westen"**

Geschichte wird geschrieben:

Belagerungsring des IS um die Stadt Deir Ezzor (Deir ez-Zor) endlich durchbrochen!

Der Anfang vom Ende des IS in Syrien?

http://sana.sy/en/?p=113142

http://www.stern.de/politik/ausland/assads-truppen-brechen-nach-drei-jahren-die-belagerung-von-deir-ez-zor-auf-7607706.html

Military Situation In Deir Ezzor Area Following Lifting Of ISIS Siege From Strategic City (Map)

https://southfront.org/military-situation-in-deir-ezzor-area-following-lifting-of-isis-siege-from-strategic-city-map/

**05.09.2017:**

**Beitrag in der geschlossenen Facebook-Gruppe „Wir LINKEN im Süd-westen"**

**04.09.2017:**

**Beitrag in der geschlossenen Facebook-Gruppe „Wir LINKEN im Süd-westen"**

Frieden schaffen ohne Waffen???

Der Aufbau beginnt
In Aleppo beseitigen Bewohner Schäden des Krieges. Sie wollen an früheren Wohlstand anknüpfen

Von Karin Leukefeld, Aleppo

https://www.jungewelt.de/artikel/317524.der-aufbau-beginnt.html

**03.09.2017:**

**Beitrag in der geschlossenen Facebook-Gruppe „Wir LINKEN im Süd-westen"**

IS weiter unter militärischem Druck in Syrien:

Army Troops Rapidly Advancing Towards Deir Ezzor City, Liberate More Points (Maps, Video)

https://southfront.org/army-troops-rapidly-advancing-towards-deir-ez-zor-city-liberate-more-points-maps-video/

**03.09.2017:**

**01.09.2017:**

**Beitrag in der geschlossenen Facebook-Gruppe „Wir LINKEN im Süd-
westen"**

Schritt für Schritt:

Military Situation In Syria and Iraq On September 1, 2017 (Map Update)

https://southfront.org/military-situation-in-syria-and-iraq-on-september-
1-2017-map-update/

**01.09.2017:**

**31.08.2017**

**Beitrag in der geschlossenen Facebook-Gruppe „Wir LINKEN im Südwesten"**

Der „Krieg gegen den Terror" ist in der Tat eine fiese und fatale und tödliche Erfindung der Herrschenden in den USA. Und ja, die Aktivitäten der US-Regierungen der letzten Jahre haben die Zahl der Terroristen vertausendfacht. Das war aber auch in weiten Teilen Sinn und Zweck der Sache. Terroristen und mehr oder weniger „moderate" Dschihadisten wurden gebraucht und geschaffen und bewaffnet, um nach Libyen u.a. Syrien zu destabilisieren - aus geostrategischen, imperialistischen Gründen. Der Islamische Staat, Al Qaida und die übrigen dschihadistischen Terrorgruppen in Syrien (und Irak etc.) waren und sind nützliche Kreaturen der US-amerikanischen Außenpolitik bei der Eindämmung des wachsenden Einflusses insbesondere Chinas und Russlands in der Welt, die zum Teil durchaus auch aus dem Ruder gelaufen sind.

Die reale Situation in Syrien ist daher die, dass die syrischen Truppen und ihre Verbündeten einen Verteidigungskrieg gegen IS-Terroristen und andere dschihadistische Terrorgruppen führen. Dieser Akt der Selbstverteidigung in einem Stellvertreterkrieg, in dem sich eigentlich Russland und China (und Verbündete) auf der einen Seite und USA und EU (und Verbündete) auf der anderen Seite bekriegen, ist völkerrechtlich legitim und für Syriens Souveränität überlebensnotwendig.

Ihn in der Bewertung  gleich zu setzen mit dem US-amerikanischen „Krieg gegen den Terror"  spiegelt so gar nicht wider, was in der Linken zu früheren Zeiten mehr als selbstverständlich war und es heute auch sein sollte: zumindest auf politischer Ebene internationalistische Solidarität mit anti-imperialistischen Verteidigungs- und Befreiungsbewegungen und -kämpfen.

Sowohl der Verteidigungskrieg von Vietcong und Nordvietnam gegen die US-amerikanischen Truppen und ihre südvietnamesischen Statthalter, als auch die militärische Verteidigung Kubas gegen die Invasion US-amerikanisch unterstützter Truppen in der Schweinebucht, als auch die  Befreiungskriege Mosambiks oder Angolas gegen die portugiesische Kolonialherrschaft  oder auch gegen die Truppen des südafrikanischen Apartheidregimes galten innerhalb der Linken als legitim und gerecht. Wer wäre auf

die Idee gekommen, diese militärischen Abwehrkämpfe mit der militärischen Gewalt der Aggressoren gleich zu setzen?

Aktuell aktiviert, stärkt und übt die Bolivarische Republik Venezuela unter Verantwortung ihrer linken, sozialistischen Regierung die Verteidigungsbereitschaft gegen eine mögliche Invasion durch US-amerikanische Truppen. Kubas kommunistische Regierung hat selbstverständlich ein Verteidigungssystem für die Insel aufgebaut und testet die Verteidigungsbereitschaft der revolutionären Streitkräfte regelmäßig. Die sozialistische Republik Vietnam hält ihre Volksarmee weiter abwehrbereit und auch die Volksrepublik China optimiert und modernisiert ihre Volksbefreiungsarmee mit Blick auf mögliche Aggressionen von außen (von wem wohl?).

Alles falsch? Nichts verstanden? Nur DIE LINKE in Deutschland ist auf dem richtigen Weg, hat die (militär-)politische Weisheit gepachtet?

Um nicht missverstanden zu werden, eines der wichtigsten Kurzfrist-Ziele linker Politik sollte sein und bleiben: Deutschland raus aus der NATO - NATO raus aus Deutschland, damit verbietet sich die Teilnahme an imperialistischen/kolonialistischen NATO-Aktivitäten oder dergleichen; dies aber flankiert von einer linken militärpolitischen Alternative, die die Erfahrungen und Lehren Sozialismus-affiner/sozialistischer/kommunistischer Staaten nicht negiert, sondern fruchtbar aufnimmt und der schlechten Realität Stand hält.

**28.08.2017**

**Beitrag in der geschlossenen Facebook-Gruppe „Wir LINKEN im Südwesten"**

Originalton Sahra Wagenknecht (Auszug aus ihrem Interview mit RT, 05.12.2016):

„das Wichtigste, was wir in Syrien brauchen, ist ein Ende der Bombardements, ist (...) auch eine gemeinsame Anstrengung, wirklich den islamischen Staat und die anderen islamistischen Terrorbanden zurückzudrängen."

Auf meine mehrfach wiederholte Frage, was unter „Zurückdrängen" des Islamischen Staats (IS) und der anderen dschihadistischen Terrorbanden zu verstehen ist und wie anders als militärisch dies geschehen und wer dies machen soll, ist Sahra mir bis heute eine Antwort schuldig geblieben.

Andere Akteure haben in der Zwischenzeit vor Ort gehandelt und handeln entschlossener und erfolgreicher denn je.

In Syrien (und im Irak (zuletzt Tal Afar!)) sind der Islamische Staat, Al Qaida und das Gros der übrigen islamistischen Terrorbanden inzwischen militärisch derart weit "zurückgedrängt" worden, dass sie mit hoher Wahrscheinlichkeit bald - insbesondere wenn die Menschen im eingeschlossenen Deir Ezzor (und danach in Idlib) endlich befreit worden sind - nur noch dunkle Geschichte oder zumindest weitgehend isoliert sein werden:

https://www.almasdarnews.com/article/less-100km-till-syrian-army-reaches-deir-ezzor-city-map/

https://southfront.org/syrian-war-report-august-28-2017/

https://southfront.org/wp-content/uploads/2017/08/28aug_Palmyra_Deir_Ezzor_Syria_War_Map-Recovered.jpg?x87865

**24.08.2017**

**Kommentar in der geschlossenen Facebook-Gruppe „Wir LINKEN im Südwesten"**

Und wie? Und wann? Und dann?

**24.08.2017**

**Beitrag in der geschlossenen Facebook-Gruppe „Wir LINKEN im Südwesten"**

ein wenig provokant - zwei Sätze zum Nachdenken:

Während große Teile der LINKEN hier in Deutschland im Wahlk(r)ampf - offenbar unbelehrbar und völlig der Wirklichkeit enthoben - gebetsmühlenhaft von Frieden (schaffen ohne Waffen), Abrüstung, sozialer Gerechtigkeit, Demokratisierung in Gesellschaft, Politik und Wirtschaft etc. schwadronieren, ohne zu sagen (und gar allzu oft ohne sich bewusst zu sein oder zu wissen?), dass all dies (und mehr) im Kapitalismus niemals zu erreichen ist, startet der menschenverachtende und mordende terroristische Islamische Staat in Syrien, südöstlich von Rakka, gerade heute eine neue militärische Offensive und die syrischen Soldatinnen und Soldaten (alles Mörder?) sind, gemeinsam mit ihren russischen, iranischen, palästinensischen, libanesischen, kurdischen, irakischen und weiteren Verbündeten, erneut und noch entschlossener und unter Einsatz und viele gar unter Opferung ihres Lebens dabei, diese Angriffe militärisch abzuwehren (wie sonst?) - bis zur endgültigen Zerschlagung des IS und der Befreiung der vom IS okkupierten Gebiete und terrorisierten Menschen.
Wo ist die internationalistische Solidarität der LINKEN in Bezug auf Syrien - in Wort oder Tat?

https://southfront.org/military-situation-in-syria-on-august-23-2017-map-update/

**22.08.2017**

**per E-Mail an Sahra Wagenknecht**

statt einer 4. Erinnerung an meine kleine Nachfrage zum RT-Interview vom 05.12.2016

**Liebe Sahra,**

nachdem auch der vierte Versuch vom 29.04.2017 ergebnislos geblieben ist, gebe ich verärgert auf.

Die Frage, warum und ob ich Dich bzw. DIE LINKE bei zukünftigen Wahlen überhaupt noch unterstützen soll bzw. kann, wird nun im Zentrum meiner (partei)politischen Überlegungen stehen.

Linke, sozialistische Basisorientierung/Bodenhaftung und Glaubwürdigkeit einer Persönlichkeit an der Spitze der LINKEN sehen in meinen Augen jedenfalls anders aus.

Sozialistische Grüße

**26.04.2017**

**Beitrag in der geschlossenen Facebook-Gruppe „Wir LINKEN im Südwesten"**

**Mainstream-Presse Desinformation**

Noch ein wunderbares Beispiel dafür, wie die Mainstream-Presse (bewusst oder unbewusst?) agiert und/oder manipuliert, diesmal der von unseren Rundfunkgebühren bezahlte Deutschlandfunk in seiner Sendung "Wirtschaft am Mittag" vom 24.04.2017, 13:35 Uhr, mit einer scheinbar exakten und informativen Meldung, gespickt mit Zahlen- und Prozentangaben zu den weltweiten Rüstungsausgaben des Jahres 2016:

Zitat:
„Die weltweiten Rüstungsausgaben sind das zweite Jahr in Folge gestiegen. Am meisten geben die USA für Rüstung aus. Mehr dazu in den Wirtschaftsmeldungen mit Katja Scherer: >Wie das internationale Friedensforschungsinstitut SIPRI bekannt gegeben hat, haben sich die weltweiten Investitionen ins Militär 2016 um 0,4% auf knapp 1,6 Billionen Euro erhöht. Den höchsten Anstieg verzeichneten die USA. Sie steigerten ihre Investitionen in dem Bereich um 1,7% auf 570 Milliarden Euro. Den (sic!) zweithöchsten Rüstungsausgaben hatte China mit einem Zuwachs von 5,4%. Auch Deutschland hat 2016 seine Rüstungsausgaben gesteigert und liegt SIPRI zufolge damit international an neunter Stelle. Derzeit investiert Deutschland etwa 1,2% seiner Wirtschaftsleistung ins Militär. Die Zielvorgabe der NoNATO (sic!) liegt bei 2%.<"
Zitat Ende.

Quellen:          http://www.deutschlandfunk.de/wirtschaft-am-mittag.765.de.html?drbm:date=2017-04-24

(ab Minute 19:37 bis 20:27:)

http://ondemand-mp3.dradio.de/file/dradio/2017/04/24/wirtschaft_am_mittag_komplette_sendung_24042017_dlf_20170424_1335_74e5ffe4.mp3

Die Wahrheit und Wirklichkeit und die Relationen zueinander werden in dieser Meldung durch zusammenhangloses Aneinanderreihen von Zahlen und begriffliche Fehler, die völlig Ungleiches miteinander in Bezug setzen, dermaßen verschleiert, dass der Meldung ohne Mühe, Nachrechnen bzw. Interpretation kaum etwas Belastbares zu entnehmen ist.

Der Begriff Anstieg wird mit dem Begriff Zunahme (in Euro) verwechselt, im nächsten Satz wird er mit Steigerung (in %) gleichgesetzt und im übernächsten Satz steht der Begriff Zuwachs für den Anstieg in %.

Der eigentlichen Meldung von Katja Scherer - ohne Einleitungssatz - lässt sich logisch weder entnehmen, dass die USA absolut die höchsten Rüstungsausgaben in Euro hatten, noch wie hoch die Rüstungsausgaben Chinas bzw. Deutschlands in Euro waren.

Von anderen Ländern wie Russland, Saudi-Arabien, Frankreich, Groß-Britannien, Italien, Indien, Japan, Australien etc. ist überhaupt keine Rede. Daher ist nicht erkennbar, wer außer China (und USA) auf den Plätzen 1 bis 8 vor Deutschland lag und ebenfalls nicht, dass Russland seine Militärausgaben von 2015 auf 2016 sogar gesenkt hat.

Und schon gar nicht ist ersichtlich bzw. berechenbar ist, dass eine Erhöhung der Rüstungsausgaben Deutschlands von 1,2% des Bruttoinlandsproduktes (BIP) auf 2% dazu führen würde, dass Deutschland alleine so viel für Rüstung bzw. Militär ausgeben würde wie Russland. (siehe dazu auch:

http://www.faz.net/aktuell/politik/sicherheitskonferenz/laut-jahresbericht-des-iiss-senkt-russland-militaerausgaben-14061865.html

https://www.iiss.org/-/media//images/publications/the%20military%20balance/milbal2016/mb%202016%20top%2015%20defence%20budgets%202015.jpg?la=en

http://www.zeit.de/politik/ausland/2017-04/sipri-ruestungsausgaben-2016-anstieg

http://www.iiss.org/-/media//images/publications/the%20military%20balance/milbal%202017/final%20free%20graphics/mb2017-top-15-defence-budgets.jpg?la=en )

**21.04.2017**

**Antwort in der geschlossenen Facebook-Gruppe „Wir LINKEN im Südwesten"**

**France insoumise - Mélenchon 2017 - L'avenir en commun**

**Lieber Wilhelm,**

Fortsetzung der militärpolitischen Diskussion, ein bisschen provokativ:

„DIE LINKE unterstützt den linken Präsidentschaftskandidaten Jean-Luc Mélenchon" heißt es in der heutigen (21.04.2017) Pressemitteilung unserer beiden Parteivorsitzenden zur französischen Präsidentschaftswahl 2017.

So weit so gut und richtig!

Zur ganzen Wahrheit und Ehrlichkeit gehört aber auch, wenn ich das nicht ganz missverstanden habe, dass der Präsidentschaftskandidat der französischen Linken Jean-Luc Mélenchon zwar auch den Austritt aus der NATO umsetzen will, aber

den Atommachtstatus Frankreichs nicht in Frage stellt, solange jedenfalls nicht, wie es Atomwaffen in der Welt gibt.

Unter der Überschrift „Ein unabhängiges Frankreich im Dienst des Friedens" heißt es im programmatischen Beitrag Nr. 33 der „Livrets de la France insoumise" zum Thema  „la géopolitique, la Défense et la Garde nationale" zu diesem Teil der Militärpolitik Jean-Luc Mélenchons, die atomare Force de Frappe Frankreichs betreffend, sehr deutlich:

„la dissuasion nucléaire restera un élément de notre protection en l'absence d'accord de désarmement multilatéral."

Frei übersetzt heißt das: „die nukleare/atomare Abschreckung wird ein Element unseres Schutzes bleiben solange ein multilaterales Abrüstungsabkommen nicht existiert."

Das nenne ich politisch konsequent, der schlechten Realität und nicht dem bloßen, eigentlich apolitischen Wunschdenken zugewandt!

Die Linke in Frankreich ist der Linken in Deutschland zumindest militär- und rüstungspolitisch meilenweit voraus.

Zeit, dass die geo-/sicherheits- und militärpolitische Diskussion innerhalb der Linken in Deutschland auf ein ähnliches Niveau wie in Frankreich gehoben wird: ein realistisches, sozialistisches geo-/sicherheits-/rüstungs-/militärpolitisches Programm ist längst überfällig.

Warum nicht unter der Überschrift:

„Ein unabhängiges Deutschland im Dienste des Friedens"

oder besser

„Ein unabhängiges, sozialistisches Deutschland im Dienst des Friedens"

oder noch besser und ganz ausführlich:

„Ein unabhängiges, freies und sozialistisches Deutschland im Dienste des Friedens in einer multipolaren Welt gleichberechtigter und selbstbestimmter Völker"?

Die Lektüre (und Übersetzung!) des französischen Textes wäre ein Anfang.

Nichts für ungut, lieber Wilhelm

Quellen:

https://laec.fr/section/55/reconstruire-une-defense-independante-nationale-et-populaire

https://avenirencommun.fr/livret-garde-nationale-defense/

Zur besseren Einordnung des Beitrages seien von den beiden obigen Webseiten noch folgende Zitate hinzugefügt:

„Une France indépendante au service de la paix

Le #33 des « Livrets de la France insoumise » aborde le thème de la géopolitique, la Défense et la Garde nationale.
Il a été préparé par un groupe de travail coordonné par France Paul, haute-fonctionnaire, et Djordje Kuzmanovic, analyste géopolitique, ancien officier de l'armée française. Théophile Malo, conseiller géopolitique de haut rang, en était le rapporteur.
Il a été rendu public à l'occasion de la journée de présentation du programme Défense et géopolitique par Jean-Luc Mélenchon, le 31 mars 2017."

„Préparé par un groupe de travail animé par France Paul, haute-fonctionnaire, Djordje Kuzmanovic, analyste géopolitique et ancien officier de l'armée française, et Théophile Malo, conseiller géopolitique de haut rang, le livret thématique sur la géopolitique et la Défense détaille les propositions de la France insoumise pour une géopolitique non alignée, au service de la paix."

Siehe auch:

http://melenchon.fr/evenement/presentation-propositions-defense-politique-etrangere/

https://materiel.jlm2017.fr/produit/livret-defense/

https://jlm2017.fr/

**17.04.2017**

**Antwort in der geschlossenen Facebook-Gruppe „Wir LINKEN im Südwesten" auf eine Erwiderung von Wilhelm Vollmann auf meinen Beitrag vom 15.04.2017**

**Lieber Wilhelm,**

ich danke Dir für Deine ausführliche Stellungnahme zu meiner kleinen, aus Verärgerung geborenen, Intervention. Schön, dass noch einer diskutiert ;).

Allerdings - nach von Dir erbetenem nochmaligem Überdenken ;) - sehe ich nicht, dass ich damit „die Büchse der Pandora" öffne.

Denn, abgesehen davon, dass fast immer irgendein Wahlkampf als Grund für den Verzicht auf inhaltliche Diskussionen und Positionierungen angeführt werden könnte, halte ich wichtige inhaltliche Klarstellungen der Partei (und Fraktion) zu kniffligen Fragen zu jeder Zeit für angebracht und notwendig im Sinne von Transparenz, Ehrlichkeit, Glaubwürdigkeit und Wirksamkeit. Wieso sollte der Geist in der Büchse beim Entweichen eine Bedrohung darstellen? Ganz im Gegenteil!

Auch kann ich Deine Bemerkungen zu den Fragen 2 und 3 nicht wirklich nachvollziehen
.

Was haben Partei und Fraktion in Sachen „Zurückdrängen des IS" (Originalton Sahra Wagenknecht) denn substantiell gesagt, außer dass sich deutsche Soldatinnen und Soldaten daran nicht beteiligen und Rüstungsexporte gestoppt und Finanzquellen ausgetrocknet werden sollen?

Wer soll dieses „Zurückdrängen" aus Sicht von Partei und Fraktion folglich durchführen? Wie soll dieses „Zurückdrängen" - nicht in ferner Zukunft sondern sofort und effektiv - geschehen?

Ohne Einsatz deutschen Militärs? Einverstanden! Schon gar nicht ohne UN-Mandat! Und auch nicht solange Deutschland in der NATO und imperialistisch agiert!

Aber ohne Einsatz von Militär und Waffen überhaupt? Wie soll dieses „Zurückdrängen" zeitnah und effektiv geschehen, wenn nicht durch Einsatz

von Militär und Waffen, selbstredend im Rahmen der UN und unter Verantwortung bzw. Federführung der syrischen Regierung in Syrien und der irakischen im Irak etc.?

Gibt es dazu irgendeine Stellungnahme von Partei (oder Fraktion), die ich nicht kenne?

Gibt es mindestens eine Stellungnahme bzw. Klarstellung, in der die Partei (oder Fraktion) die Legalität und Legitimität z.B. der militärischen Selbstverteidigung der syrischen Regierung - im Bündnis mit Russland, Iran etc. - nach UN-Charta, Artikel 51 (im Falle eines bewaffneten Angriffs … das naturgegebene Recht zur individuellen oder kollektiven Selbstverteidigung), anerkennt?

Wenn nicht, warum nicht? Aus Angst? Aus Angst wovor?

Tabuisierte, dogmatische Platitüden bzw. Plattitüden, die keinerlei notwendige Differenzierungen zulassen, wie z.B. „Bomben schaffen keinen Frieden“, „Bundeswehr abschaffen“, „Rüstung tötet“, „Soldaten sind Mörder“ sind meines Erachtens einfach nur noch falsch, eigentlich immer falsch gewesen.

Da muss die Linke - innerhalb wie außerhalb der Partei - intelligentere politische (auch militärpolitische!) Antworten geben können. Über den Tellerrand Deutschlands hinaus zu schauen wäre dabei sicher ziemlich hilfreich ;).

Dass das in der Partei nicht einseitig und ohne vorherige innerparteiliche Diskussion von oben nach unten erfolgen kann und darf, da bin ich bei Dir.

Trotzdem darf ich wohl - quasi als Diskussionsbeitrag von oben - auch Klarstellungen, Positionierungen bzw. Antworten auf von mir gestellte Fragen erwarten.

nichts für ungut, lieber Wilhelm ;)

sozialistische Grüße

**15.04.2017**

**Beitrag in geschlossener Facebook-Gruppe „Wir LINKEN im Südwesten"**

**Liebe Genossinnen und Genossen,**

ziemlich verärgert gebe ich Euch - nach 4 Monaten ohne jegliche Antwort - zur Kenntnis, dass ich am 13.12.2016, 03.01.2017 und 05.04.2017 Sahra Wagenknecht mit Bezug auf ihr RT-Interview vom 05.12.2016 per E-Mail um die Beantwortung folgender Fragen gebeten habe:

„1. Was verstehst Du unter "Zurückdrängung" des IS?
2. Wie anders als militärisch sollen der IS und die anderen dschihadistischen Terrorgruppen in Syrien/Irak/Libyen/Ägypten etc. "zurückgedrängt" werden?
3. Wer soll das machen?
4. Da Du im Interview explizit anerkennst, dass auch Deutschland eine Armee zur Verteidigung benötigt, wäre es da nicht an der Zeit, mit dem Herumeiern aufzuhören und ein eigenes, ehrliches, überzeugendes, linkes, sozialistisches Verteidigungskonzept (für eine Armee außerhalb der NATO!!!) zu erstellen, das auch die militärischen Erfahrungen und Konzepte z.B. Kubas, Vietnams, Venezuelas fruchtbar aufgreift?"

Auszug aus dem Interview Sahra Wagenknechts mit RT, 05.12.2016 (von mir exzerpiert):

Sahra Wagenknecht:

„Wir haben in Deutschland ein sehr gutes Grundgesetz. Und dieses Grundgesetz sagt, die Bundeswehr ist dafür da, uns zu verteidigen. Dafür braucht man keine Hochrüstung. Wir brauchen also Kapazitäten der Verteidigungsfähigkeit, aber wir brauchen keine Kriegskapazität um in aller Welt Interventionskriege zu führen."

„Also ich glaube nicht, dass wir eine eigene Europa-Armee brauchen. Die einzelnen Länder haben ihre Armeen und das ist sozusagen aktuell in dieser Welt wahrscheinlich auch nicht überwindbar, weil wir eben leider noch keine Welt des Friedens haben, wo man kein Militär mehr braucht. Aber eine gemeinsame Europa-Armee, wofür oder wogegen soll die aufgestellt werden? Also ich glaube nicht, dass wir die brauchen."

„das Wichtigste, was wir in Syrien brauchen, ist ein Ende der Bombardements, ist … auch eine gemeinsame Anstrengung, wirklich den islamischen Staat und die anderen islamistischen Terrorbanden zurückzudrängen, statt gegeneinander dort möglicherweise sogar irgendwann Krieg zu führen. Das wäre unglaublich gefährlich und dazu darf es auch nicht kommen.“

„natürlich geht es auch darum, dass die Ursachen für Kriege behoben werden, also dass man nicht Waffen liefert, wo Kriege stattfinden, sondern dass man konkret zum Beispiel in Syrien wirklich alles daran setzt, dass es dort Frieden gibt, dann gäbe es ja keinen Grund mehr, aus Syrien zu fliehen, wenn dort endlich Frieden hergestellt ist und … der islamische Staat zurückgedrängt wird.“

Quelle:    https://deutsch.rt.com/inland/43953-grosse-rt-interview-mit-sahra/

**07.04.2017**

**Facebook-Eintrag**

**Die Welt ist ein Irrenhaus.**

Pünktlich zum Besuch des kommunistischen Präsidenten der Volksrepublik China in den USA startet der US-amerikanische Präsident wider alle Vernunft die nächste völkerrechtswidrige Aggression, einen Raketenangriff gegen die Souveränität Syriens. Ein Affront gegen die Welt.

Deutschland raus aus der NATO!
NATO raus aus Deutschland!

**05.04.2017**

**per E-Mail an Sahra Wagenknecht**

Dritter Versuch - 2. Erinnerung: eine kleine Nachfrage zum RT-Interview vom 05.12.2016 (nach den gleichlautenden E-Mails vom 03.01.2017 und 13.12.2016, s.u.)

**Liebe Sahra,**

warum gibt es auf meine ernsthaften Fragen zu Deinem RT-Interview auch nach mehr als einem Vierteljahr keine Antwort Deinerseits?

Warum bleibst Du bei diesen militärpolitischen Fragen mir gegenüber stumm? Warum enthältst Du Dich überzeugender Antworten? Warum verweigerst Du diese Diskussion?

Eine linke Partei kann keine Einbahnstraße in Sachen Diskussion sein, von oben nach unten!

Ganz im Gegenteil, zur Glaubwürdigkeit einer linken Partei gehört es, dass Spitzenpolitikerinnen und -politiker nicht nur mittels Interviews, Talk-Shows, Reden, Büchern und Schriftstücken einseitig in die Partei hinein kommunizieren, sondern auch ein offenes Ohr für die Mitglieder an der Basis haben und mit ihnen gemeinsam - auch kontrovers - diskutieren.

Im Übrigen: die eher unausgegorenen, pauschalen parteioffiziellen Antworten in militär- und verteidigungspolitischen Dingen überzeugen mich schon lange nicht mehr! Was soll daran sozialistisch, antikapitalistisch, antiimperialistisch, internationalistisch sein?

(Bürgerlicher) Pazifismus ist doch nicht dasselbe wie sozialistischer Antimilitarismus! Oder etwa doch?

Mehr als einen Satz zu dieser Thematik erwarte ich schon, zeitnah und substantiell.

Wenn die Antwort erneut ausbleibt, wird die Frage, warum und ob ich

Dich bzw. DIE LINKE bei zukünftigen Wahlen überhaupt noch unterstützen soll bzw. kann, noch mehr ins Zentrum meiner parteipolitischen Überlegungen rücken.

Sozialistische Grüße

**05.04.2017**

**Cui bono? I**

Wo bleibt die (politische) Logik?

Welchen militärischen und/oder propagandistischen Zweck und/oder Nutzen sollte ein Giftgaseinsatz durch die syrische Luftwaffe denn für die syrische Regierung gehabt haben?

Will die NATO den großen Krieg?

## 25.03.2017

Dialog am 04./05.12.2016

Dave: Hallo Rainer! Wir werden in der Vorstandssitzung einen Neujahrsempfang im Januar planen. Du hast dich doch intensiv mit Cuba und Castro befasst. Würdest du beim Neujahrsempfang etwas über ihn und die kubanische Politik sagen?

Rainer: An wen soll sich die Information richten? Was ist die Zielsetzung?

Dave: Der Empfang wird öffentlich sein, wobei wahrscheinlich hauptsächlich Genossinnen und Genossen dort sein werden. Bis auf das Thema würde ich dir freie Hand lassen. Die Zielsetzung soll schlicht sein, dass alle nachher schlauer sind als vorher.

**Vortrag über Fidel Castro Rúz und die kubanische Politik – den Sozialismus revolutionär erkämpfen, weiterentwickeln und verteidigen.**

Gehalten am 25.03.2017, beim Mitgliedertreffen der LINKEN Bernkastel-Wittlich in Thalfang,

anstelle zweier unnützer Haushaltsreden in Gemeinde und Kreis.

Zwei Artikel, die in den letzten Wochen in der deutschsprachigen Online-Ausgabe der Granma, dem offiziellen Organ des Zentralkomitees der Kommunistischen Partei Kubas, erschienen sind, möchte ich an den Anfang meiner Ausführungen stellen.

Der erste Artikel ist am 17. November 2016 erschienen und hat die Überschrift: „Strategische Übung Bastion 2016 hat begonnen".

Der zweite Artikel ist vom 04. Dezember 2016 und hat die Überschrift „Die bleibende Lehre von Fidel ist, dass es zu schaffen ist".

Beiden Artikeln ist eines gemeinsam, beide geben den Wortlaut einer Rede Raúl Castros wieder, dem jüngeren Bruder von Fidel Castro Rúz.

Die erste Rede wurde noch vor dem Tod Fidel Castros gehalten, der am 25. November 2016, im 58. Jahr der kubanischen Revolution, im Alter von 90 Jahren verstorben ist, die zweite Rede am Vortag der Beerdigung Fidel Castros in Santiago de Cuba.

Beide Reden liefern im Zusammenhang betrachtet einen tiefen Einblick sowohl in die Bedeutung der Person Fidel Castros als auch in die kubanische Politik heute.

Zunächst einmal ist der 85-jährige Raúl Castro nicht nur der jüngere Bruder Fidel Castros sondern selbst eine beeindruckende Persönlichkeit.

Als erster Sekretär des Zentralkomitees der Kommunistischen Partei Kubas ist er zugleich ihr Vorsitzender.

Als Vorsitzender des Staats- und Ministerrats ist er sowohl Staatspräsident als auch Regierungschef.

Und nicht zuletzt ist er Oberbefehlshaber und General der Revolutionären Streitkräfte Kubas (FAR), die er als Verteidigungsminister selbst aufgebaut hat.

Raúl Castro weiß also wovon er spricht.

Mit den beiden Reden verweist Raúl Castro auf wesentliche Merkmale der kubanischen Revolution, die ihren Erfolg und ihr Überleben bis heute begründen, trotz aller Schwierigkeiten, die immer wieder zu überwinden waren.

**sozialistische kubanische Revolution**

Der 26. Juli 1953 markiert den Beginn der kubanischen Revolution gegen die vom US-amerikanischen Imperialismus unterstützte brutale Diktatur Fulgencio Batistas. An diesem Tag griff eine Gruppe von 120 bewaffneten Revolutionärinnen und Revolutionären unter Führung Fidel Castros die Moncada-Kaserne in Santiago de Cuba an, um sich Waffen für den weiteren Kampf zu beschaffen. Der Angriff schlug fehl und viele Revolutionäre wurden getötet oder verhaftet und zu langen Haftstrafen verurteilt. Auch Fidel Castro wurde verhaftet und zu 15 Jahren Gefängnis verurteilt. Nach 18 Monaten kam er durch eine Amnestie wieder frei und setzte sich nach Mexiko ab.

Im November/Dezember 1956 nahm eine kleine Gruppe zu allem entschlossener Kämpfer unter selbstlosem Einsatz ihres Lebens den bewaff-

neten Aufstand gegen Batista wieder auf. Fidel Castro war der unumstrittene Anführer auch dieser 82 Revolutionäre, die am 25. November 1956 mit der Motoryacht Granma von Mexiko nach Kuba übersetzten, wo sie am 02. Dezember 1956 landeten. 21 Revolutionäre wurden in Kämpfen mit Soldaten der Batista-Armee sofort getötet. 22 Guerilleros wurden verhaftet. 15 tauchten unter und schlossen sich dem Widerstand in den Städten an.

Ganze 24 schafften es, gegen den erbitterten militärischen Widerstand des Batista-Regimes, zur Keimzelle einer Rebellen- bzw. Guerillaarmee zu werden, die den fast aussichtslosen Kampf aufnahm und organisierte, darunter Fidel Castro, sein Bruder Raúl Castro sowie Ernesto Che Guevara.

Nach nur zwei Jahren war das Terror-Regime Batistas besiegt. Am 01. Januar 1959 floh Batista aus Kuba in die Dominkanische Republik. Am selben Tag verkündete Fidel Castro in Santiago de Cuba den Sieg der Revolution. Am 08. Januar 1959 hielt die Guerilla- bzw. Rebellenarmee mit Fidel Castro an der Spitze in Havanna triumphalen Einzug.

Die USA gingen auf Distanz und versuchten mit militärischen Mitteln den Regimechange. Mitte April 1961 bombardierten USA-Flugzeuge kubanische Luftwaffenstützpunkte, und eine von den USA ausgebildete und bewaffnete exil-kubanische Söldnertruppe begann eine Invasion in der Schweinebucht.

Innerhalb von drei Tagen konnten die inzwischen unter dem Verteidigungsminister Raúl Castro schlagkräftig aufgebauten Revolutionären Streitkräfte Kubas die bewaffneten Eindringlinge vernichtend besiegen.

Danach entwickelten sich die kubanische Revolution endgültig zu einer sozialistischen Revolution und die kubanische Republik zu einer sozialistischen Republik. 1976 erhielt Kuba eine durch Volksabstimmung beschlossene sozialistische Verfassung, die 1992 eine erste Ergänzung erfuhr.

Im Jahr 2002 wurde der Sozialismus in einer Volksabstimmung als unwiderruflich in der Verfassung verankert. Mehr als 8,1 der 8,2 Millionen (98,9 %) kubanischen Wahlberechtigten stimmten für diese Verfassungsänderung.

**sozialistische Verfassung**

Die nunmehr aus 15 Kapiteln und 137 Artikeln bestehende Verfassung Kubas gründet explizit auf den Gedanken José Martís, dem kubanischen Unabhängigkeits- und Freiheitskämpfer gegen den Kolonialismus Spaniens und den Imperialismus der USA, und den politisch-sozialen Ideen von Karl Marx, Friedrich Engels und Wladimir Iljitsch Lenin.

Sie versteht sich als Realisierung des Wunsches von José Martí, dass das erste Gesetz der kubanischen Republik die Achtung aller Kubaner vor der uneingeschränkten Würde des Menschen sei.

Die Verfassung verpflichtet die kubanische Republik auf die Fortführung der siegreichen Revolution gegen die Diktatur Batistas und die versuchte Invasion durch die USA in der Schweinebucht.

Sie verpflichtet Kuba außerdem auf die Fortführung des Aufbaus des Sozialismus, mit der Kommunistischen Partei an der Spitze und mit dem Ziel, die kommunistische Gesellschaft zu errichten.

Einige Artikel seien stellvertretend genannt, um zu zeigen, was mit der Revolution in Kuba erkämpft worden ist.

Artikel 1 der Verfassung definiert Kuba als sozialistischen, unabhängigen und souveränen Arbeiterstaat, der als einheitliche und demokratische Republik für das Wohl Aller, für die politische Freiheit, die soziale Gerechtigkeit, den individuellen und kollektiven Wohlstand und die menschliche Solidarität zu sorgen hat.

Artikel 5 der Verfassung charakterisiert die Kommunistische Partei Kubas als martianisch und marxistisch-leninistisch und weist ihr die Rolle als Vorhut der kubanischen Nation und als höchste führende Kraft der Gesellschaft und des Staates zu, die die gemeinsamen Anstrengungen zum hohen Ziel des Sozialismus und fortschreitend bis hin zur kommunistischen Gesellschaft organisiert und leitet.

In Artikel 12 wird der antiimperialistische und internationalistische Charakter der Republik Kuba beschrieben, ihr Streben nach einem würdevollen Frieden, der für alle Staaten Gültigkeit hat und auf dem Respekt vor

der Unabhängigkeit und Souveränität der Völker und des Rechtes auf Selbstbestimmung basiert.

In ihren internationalen Beziehungen gründet sich Kuba auf die Prinzipien der rechtlichen Gleichheit, Selbstbestimmung der Völker, territoriale Integrität, Unabhängigkeit der Staaten, der internationalen Zusammenarbeit in gegenseitigem und gleichwertigem Nutzen und Interesse, die friedliche Lösung von Konflikten auf Basis der Gleichheit und des Respektes und aller weiteren in der Charta der UNO festgeschriebenen Prinzipien sowie der sonstigen internationalen Abkommen, denen Kuba angehört.

Kuba verurteilt den Imperialismus, der sämtliche faschistischen, kolonialistischen, neokolonialist-ischen und rassistischen Erscheinungen fördert und stärkt, als Hauptverursacher von Aggressionen, Krieg und als schlimmsten Feind der Völker.

Kuba lehnt die direkte oder indirekte Einmischung in interne oder externe Angelegenheiten jedweden Staates ab und somit den bewaffneten Kampf, die Wirtschaftsblockade sowie jegliche Form wirtschaftlicher oder politischer Druckmittel, physische Gewalt gegen Menschen in anderen Ländern oder sonstige Formen der Einmischung und Bedrohung der Integrität der Staaten sowie der politischen, ökonomischen und kulturellen Elemente der Nationen.

Darüber hinaus verurteilt Kuba Angriffe und Eroberungskriege als internationale Delikte, erkennt die Legitimität der nationalen Befreiungskämpfe an sowie des Widerstands gegen bewaffnete Angriffe und betrachtet es als seine internationalistische Pflicht, sich mit den Angegriffenen und den Völkern die für ihre Befreiung und Selbstbestimmung kämpfen, zu solidarisieren.

Artikel 14 legt fest, dass das System der Wirtschaft auf dem sozialistischen Eigentum des ganzen Volkes über die fundamentalen Produktionsmittel basiert. Er legt außerdem fest, dass die Verteilung nach dem sozialistischen Prinzip »von jedem gemäß seiner Kapazität, für jeden gemäß seiner Arbeit« zu erfolgen hat.

Artikel 16 stellt klar, dass der Staat die nationale Wirtschaft gemäß einem Plan organisiert, leitet und kontrolliert.

Artikel 43 garantiert unter anderem gleichen Lohn für gleiche Arbeit.

Und in Artikel 45 wird klargestellt, dass die Arbeit in der sozialistischen Gesellschaft ein Recht, aber auch eine Pflicht und eine Ehre für jeden ist.

Artikel 65 legt fest, dass die Verteidigung des sozialistischen Vaterlandes die größte Ehre und die höchste Pflicht jedes Kubaners ist und ein Gesetz den Militärdienst regelt, den die Kubaner leisten müssen.

**Kubanische Militärdoktrin**

(Quelle: https://de.wikipedia.org/wiki/Datei:FAR_emblem.png)

Der kurze und eher unscheinbare Artikel 65 verweist auf einen zentralen Aspekt, der für die kubanische Revolution von überlebenswichtiger Bedeutung war und ist: die Bereitschaft und Fähigkeit zur militärischen Verteidigung des sozialistischen Kubas gegen jede Art bewaffneter Aggression.

Die Entschlossenheit der kubanischen Revolutionäre führte zum Sieg der kubanischen Revolution. Zu siegen war aber nur das Eine. Das Andere war, diesen Sieg gegen jede Art von Konterrevolution zu verteidigen. Folgerichtig kam es zum sofortigen Aufbau schlagkräftiger Revolutionärer Streitkräfte. Ohne deren Existenz würden kubanische Revolution und sozialistische Republik Kuba längst der Vergangenheit angehören.

Die Revolutionären Streitkräfte Kubas agieren seit Beginn der 1980er Jahre auf der Basis und im Rahmen einer sozialistischen Militärdoktrin, die den Namen „Krieg des ganzen Volkes" bzw. „Militärdoktrin des allgemeinen Volkskrieges" führt.

Zwecks Aufrechterhaltung der Verteidigungsfähigkeit gegen Angriffe von außen finden regelmäßig Übungen der Revolutionären Streitkräfte Kubas statt, so auch im November 2016.

Die Prinzipien der kubanischen Militärdoktrin des allgemeinen Volkskrieges gehen auf die Erfahrungen Vietnams zurück, dessen Volk sich in einem

ausdauernden und aufopfernden Guerillakrieg mit einfachsten Waffen vom Kolonialismus befreit und in den siebziger Jahren sogar die USA besiegt hat.

Zentrales Prinzip ist die Partizipation des Volkes, die, so der legendäre Guerillakämpfer und geniale Stratege Vietnams, General Vo Nguyen Giap, das ganze Geheimnis des Sieges ausmacht.

Folgende Ausführungen aus dem Buch Raúl Castro - Revolutionär und Staatsmann - von Volker Hermsdorf (S. 182/183) beschreiben das Verteidigungskonzept Kubas in gebotener Kürze:

„Das Konzept der Landesverteidigung beruht auf drei Säulen. Dies sind sie Fuerzas Armadas Revolucionarias" (FAR) „mit ihren regulären Land-, Luft- und Seestreitkräften, die den Fuerzas Armada zugeordneten Milizen (Milicias de Tropas Territoriales, MTT), sowie die landesweit rund sechzigtausend Produktions- und Verteidigungsbrigaden (Brigadas de Producción y Defensa), denen Millionen Freiwillige angehören.

Der kubanische Archipel ist in eintausendvierhundert „Verteidigungszonen" aufgeteilt. Das Land verfügt über ein flächendeckendes System von Tunneln und unterirdischen Verstecken, die als Schutzräume für die Bevölkerung angelegt wurden, in denen aber auch Panzer, Artilleriegeschütze und Waffen aller Art, sowie Medikamente und Lebensmittelvorräte gelagert sind. Zudem haben lokale zivile Einheiten, nach dem Vorbild Vietnams, eine große Anzahl einfacher, aber wirkungsvoller Abwehrmethoden gegen Eindringlinge - dazu gehören auch Fallen, Schlingen oder Gruben - entwickelt. (...)

Seit 1980 demonstriert Kuba der Welt mit militärischen Großmanövern unter dem Namen „Bastion", dass Militär, Milizen und Bevölkerung auf Angriffe vorbereitet und entschlossen sind, jede Invasion zurückzuschlagen. (...) Raúl Castro betonte dabei stets den friedlichen Charakter der Übungen. Die Manöver sagte er, dienten „in erster Linie dazu, einen Krieg zu verhindern". Damit solle niemand bedroht, noch solle militärische Macht zur Schau gestellt werden. Washington müsse aber daran gehindert werden, den gleichen Fehler wie in Vietnam zu begehen.

Solang der Imperialismus existiere, würden Partei, Staat und Volk der Landesverteidigung höchste Priorität einräumen. Raúl Castro verglich das für

den Volkskrieg vorbereitete Land mit einem einzigen großen Wespennest, das die ganze Insel überziehe."

In seiner oben an erster Stelle genannten Rede kündigte Raúl Castro die strategische Übung mit dem Namen Bastion 2016 an, die vom 16. November bis zum 18. November durchgeführt wurde und mit den Tagen der Nationalen Verteidigung am Samstag den 19. und Sonntag den 20. November beendet wurde.

An Bastion 2016 nahmen führende Organe der Partei, der Regierung, der zentralen staatlichen Verwaltung, der Unternehmen, von Betrieben und Einheiten der Revolutionären Streitkräfte, des Innenministeriums und die Bevölkerung teil.

Bastion 2016 stand ganz im Dienst der Sicherung der militärischen Unverletzlichkeit des Vaterlandes getreu dem Motto Raúl Castros, dass neben revolutionärer Wachsamkeit nichts wichtiger ist als die Vorbereitung bei der Verteidigung des Landes. Sie ist das Synonym zur Vermeidung des Krieges.

Die Gesamtstärke der sozialistischen Verteidigungskräfte (FAR) in Kuba beträgt bei einer Bevölkerung von ca. 11 Millionen ca. 70.000 reguläre FAR-Soldaten und ca. 1 Million paramilitärische MTT-Milizionäre. Hinzu kommen ca. 3,5 Millionen Brigademitglieder.

(Quelle: http://www.cubagob.cu/otras_info/minfar/doctrina/bpd.htm )

**Fidel Castro**

Was hat nun die Person Fidel Castros mit all den konsequent zu verteidigenden Errungenschaften der sozialistischen Republik Kuba zu tun? War Fidel Castro nicht nur einer der Entschlossenen unter vielen? Nach Darstellung seines Bruders, weit gefehlt!

Dazu im Originalton Raúl Castro in seiner Rede anlässlich der Beerdigung Fidel Castros, an deren Ende er zum Schwur aufrief, „das Vaterland und den Sozialismus zu verteidigen!":

Fidel „bewies, dass der Versuch der Einnahme der Moncada Kaserne zu schaffen war; dass die Umwandlung jener Niederlage in einen Sieg zu

schaffen war", die (...) fünf Jahre, fünf Monate und fünf Tage später, an jenem glorreichen Ersten Januar 1959" erreicht werden konnte.

Fidel Castro bewies, „dass es zu schaffen war, in der Yacht Granma an den Küsten Kubas zu landen; dass es möglich war, dem Feind, dem Hunger, dem Regen und der Kälte zu widerstehen und nach dem Debakel von Alegría de Pío in der Sierra Maestra eine revolutionäre Armee zu organisieren; dass zu schaffen war, mit der Kolonne von Almeida und der unseren neue Guerrillafronten in der Provinz des Ostens zu eröffnen; dass es zu schaffen war, mit 300 Gewehren die große Offensive von über 10 000 Soldaten niederzuschlagen. Als sie zerschlagen war, schrieb Che in sein Feldtagebuch, dass mit diesem Sieg das Rückgrat der Tyrannei gebrochen worden war. (...) dass es möglich war, mit der Unterstützung des gesamten Volkes die vom US-amerikanischen Imperialismus unterstützte Batista-Diktatur zu stürzen."

Fidel Castro lehrte, „dass es zu schaffen war, innerhalb von 72 Stunden", und sogar weniger, „die Söldnerinvasion" in der Schweinebucht „zu besiegen und gleichzeitig die Kampagne zur Ausmerzung des Analphabetismus innerhalb eines Jahres weiterzuführen", wie es 1961 gelang."

„Dass es möglich war, 90 Meilen vom Imperium entfernt den sozialistischen Charakter der Revolution auszurufen, als dessen Kriegsschiffe hinter den Truppen der Söldnerbrigade gegen Kuba vorrückten; dass es zu schaffen war, in den Tagen der Raketenkrise vom Oktober 1962 mit Standhaftigkeit die unverzichtbaren Prinzipien unserer Souveränität beizubehalten, ohne Angst vor der nuklearen Erpressung der Vereinigten Staaten zu haben."

„Dass es zu schaffen war, anderen Brudervölkern solidarische Hilfe zu senden im Kampf gegen die koloniale Unterdrückung, die Aggression von außen und den Rassismus."

„Dass es möglich war, die südafrikanischen Rassisten zu besiegen, indem die territoriale Integrität Angolas gerettet, die Unabhängigkeit Namibias erzwungen und dem Apartheidregime ein harter Schlag versetzt wurde."

„Dass es zu schaffen war, Kuba in eine medizinische Macht zu verwandeln, die Säuglingssterblichkeit zuerst auf die geringste Rate der Dritten Welt und danach der anderen Welt zu senken", denn zumindest auf diesem

Kontinent haben wir eine geringere Säuglingssterblichkeit als Kanada und die Vereinigten Staaten, „und gleichzeitig die Lebenserwartung unserer Bevölkerung wesentlich zu erhöhen."

„Dass es doch möglich war, zu widerstehen, zu überleben und uns zu entwickeln, ohne den Prinzipien oder den Errungenschaften des Sozialismus zu entsagen, in der unipolaren Welt der Allmacht der transnationalen Konzerne, die nach dem Zusammenbruch des sozialistischen Lagers von Europa und der Auflösung der Sowjetunion entstand."

„Die bleibende Lehre Fidels ist es, dass es zu schaffen ist, dass der Mensch fähig ist, sich über die härtesten Bedingungen zu erheben, wenn sein Wille zum Sieg nicht gebrochen wird, wenn er eine korrekte Auswertung jeder Situation vornimmt und seinen gerechten und edlen Prinzipien nicht entsagt."

Fidel Castro ist derjenige, „der nach dem unglücklichen Ausgang des ersten Kampfes von Alegría de Pío, der sich übermorgen zum 60. Male jährt, niemals den Glauben an den Sieg verlor und 13 Tage danach, bereits in den Bergen der Sierra Maestra, am 18. Dezember des erwähnten Jahres, als er sieben Gewehre und eine Handvoll Kämpfer zusammenbrachte, sagte: Jetzt gewinnen wir den Krieg!"

„Das ist der unbesiegte Fidel, der uns aufruft mit seinem Beispiel und mit seinem Nachweis, dass es zu schaffen war, dass es zu schaffen ist und sein wird! Ich wiederhole also, er bewies, dass es möglich war, möglich ist und möglich sein wird, jedwedes Hindernis, jede Bedrohung oder Unruhe in unserem festen Bestreben, in Kuba den Sozialismus zu errichten, zu überwinden, oder, was dasselbe ist, die Unabhängigkeit und die Souveränität des Vaterlandes abzusichern!"

Fidel Castros überragende Rolle in der kubanischen Revolution ist völlig unbestritten. Fidel war der erste Berufsrevolutionär der Aufstandsbewegung. Er war der Stratege und Organisator der kubanischen Revolution und als Marxist-Leninist fest davon überzeugt, dass eine revolutionäre Partei taktische Bewegungen machen kann, aber keine strategischen Fehler begehen darf.

## Lehren für DIE LINKE und andere Linke  in Deutschland

Für den anhaltenden Erfolg der kubanischen Revolution sind offenbar vor allem folgende Dinge entscheidend verantwortlich:

1.     ein sozialistisch-revolutionärer Ansatz, der die Unabhängigkeit und Souveränität des Landes als Voraussetzung für den Aufbau einer sozialistischen Demokratie sieht

2.     selbstlose, unbeirrbare Entschlossenheit, unbedingter Wille der Akteure

3.     Analyse, strategische Planung und konsequente Umsetzung in der Praxis

4.     felsenfeste Überzeugung der Akteure, dass es möglich und zu schaffen ist, die gesteckten Ziele zu erreichen

5.     unbedingte Bereitschaft und Fähigkeit, das Errungene mit Zähnen und Klauen, das heißt mit militärischen Mitteln, zu verteidigen

An dieser Stelle wird ein entscheidender Unterschied zum Selbstverständnis der LINKEN und anderer Linker in Deutschland deutlich.

1.     dem sozialistisch-revolutionären Ansatz in Kuba steht ein weitgehend reformistischer Ansatz in Deutschland gegenüber, statt des Kampfes um Unabhängigkeit und Souveränität des Landes ist die Unterwerfung unter das Diktat von USA, EU, Euro und NATO Programm.

2.     selbstloser, unbeirrbarer Entschlossenheit und unbedingtem t in Deutschland eine fatale Unentschlossenheit und Verzagtheit gegenüber, Selbstlosigkeit ist ein Fremdwort.

3.     Analyse, strategischer Planung und konsequenter Umsetzung in der Praxis in Kuba steht in Deutschland das auf das Bauchgefühl hörende strategielose Herumeiern, Herumlavieren und Ausprobieren von Taktiken gegenüber.

4.  der felsenfesten Überzeugung der Akteure, dass es möglich und zu schaffen ist, die gesteckten Ziele zu erreichen, steht in Deutschland der permanente Zweifel an den eigenen Fähigkeiten, Zielen und Wegen gegenüber.

5.  der unbedingten Bereitschaft und Fähigkeit, das Errungene mit Zähnen und Klauen, das heißt mit militärischen Mitteln, zu verteidigen, steht ein merkwürdig hilfloser (klein)bürgerlicher Pazifismus gegenüber, der sich offenbar überhaupt nichts dabei denkt, dem IS oder anderen Aggressoren kampflos das Feld zu überlassen. Wie anders kann erklärt werden, dass eine DFG-VK zum Beispiel ernsthaft die Parole ausgibt: Verhandelt mit dem IS!

All dies macht DIE LINKE und ähnlich orientierte Linke in Deutschland letztlich zu dem, was bei uns überdeutlich sichtbar ist: zu einem Papiertiger, einem wirkungslosen Akteur, der so nie zum nicht wirklich klar definierten Ziel kommen wird.

Damit wird der Rechten fahrlässig das Feld überlassen.

Armes Deutschland.

Literaturempfehlungen:

Fidel Castro, Mein Leben, 2013
Volker Hermsdorf, Raúl Castro, Staatsmann und Revolutionär, 2016
Volker Hermsdorf, KUBA – Aufbruch oder Abbruch?, 2015
Volker Hermsdorf, Hans Modrow, Amboss oder Hammer, 2014
Hellmut Kapfenberger, Ho Chi Minh. Eine Chronik, 2009
Hellmut Kapfenberger, unser Volk wird gewiss siegen, 30 Jahre Überlebenskampf Vietnams im Rückblick, 2015

**24.03.2017**

**Volk III**

**Volk**

Ohne zu definieren, was die LINKE unter dem Begriff Volk versteht, wird er im Entwurf des Wahlprogramms 15 mal benutzt:

Volksinitiativen (1 x)
Volksbegehren (2 x)
Volksentscheid (5 x)
Volksabstimmung (1 x)
Volksvertretungen (1 x)
Volkshochschulen (3 x)
Volksverhetzung (2 x)

**Nation** (dito)

international ( 22 x)
Nationalismus, nationalistisch ( 3 x)
nationalsozialistisch (1 x)
transnational ( 2 x)
national ( 6 x)
Vereinte Nationen (5 x)
supranational ( 1 x)

**24.03.2017**

**Leserbrief vom 24.02.2017 per E-Mail, veröffentlicht in Unsere Zeit Nr. 12/2017, S. 15 unter der Überschrift: „Nicht alle Mörder"**

**Soldaten sind nicht alle Mörder**

Auch wenn Eugen Drewermann sie äußert und sie von Kurt Tucholsky stammt. Die pauschale Aussage: „Soldaten sind Mörder" wird dadurch und durch ständige Wiederholung nicht richtiger.

Ansonsten wären z. B. alle Rotarmisten im Kampf gegen den Faschismus Mörder gewesen, alle Soldaten der revolutionären Streitkräfte Kubas wären Mörder, alle Soldaten Nordvietnams und des Vietcongs im Kampf gegen den US-Imperialismus, alle syrischen, russischen, iranischen, libanesischen, kurdischen Soldaten im aktuellen Krieg gegen den IS und andere dschihadistische Terrorgruppen.

Fidel Castro, Raul Castro, Ho Chi Minh, Che Guevara und unzählige andere revolutionäre Kämpfer und Soldaten, alle wären Mörder gewesen!

Auch wenn es vielleicht unbequemer ist, eine revolutionäre Linke muss zu einer differenzierteren militärpolitischen Beurteilung in der Lage sein!

**14.03.2017**

**Notwendige Tabubrüche der LINKEN I**

(Fragment)

**Mit Ja sind zu beantworten:**

1. PKK politisch und militärisch gegen Erdogan-Regierung unterstützen?

2. Syrische Regierung politisch und militärisch gegen ISIS, al Nusra etc. unterstützen?

3. YPG/YPJ politisch und militärisch gegen Erdogan-Regierung, ISIS, al Nusra etc. unterstützen?

4. Sind die sozialistischen Staaten sicherheits-, verteidigungs- und militärpolitisch auf dem Holzweg und haben wir die Wahrheit gepachtet?

5. Militärische Selbstverteidigungskräfte nach kubanischem Vorbild?

6. Entwicklung und Produktion der Waffen zur Selbstverteidigung?

7. Waffenexport an befreundete Staaten?

8. Völkerrechtlich verbindliche Nicht-Angriffserklärung?

9. Nationale Souveränität, Unabhängigkeit?

10. Volk, Nation, Staat von links her definieren? (vergl. Auch Öcalan, Demokratischer Konförderalismus)

**27.02.2017**

**Volk II**

(Fragment)

**Ein unabhängiges, souveränes, freies und sozialistisches Deutschland in einer multipolaren Welt gleichberechtigter und selbstbestimmter Völker.**

Charta der Vereinten Nationen:
**„Wir, die Völker der Vereinten Nationen,…"**
Quelle: https://www.unric.org/html/german/pdf/charta.pdf

Verfassung der Vereinigten Staaten von Amerika:
**„Wir, das Volk der Vereinigten Staaten, …"**
Quelle: https://usa.usembassy.de/etexts/gov/gov-constitutiond.pdf

Verfassung der Republik Kuba:
**„Wir, das kubanische Volk, …"**
Quelle:          http://www.cubafreundschaft.de/Hintergruende/Verfassung%20Cuba,%20deutsch.pdf

Verfassung der Sozialistischen Volksrepublik China:
**„Die Volksmassen aller Nationalitäten Chinas …"**
**„… das chinesische Volk …"**
Quelle:  http://www.verfassungen.net/rc/verf82-i.htm

Verfassung der Sozialistischen Republik Vietnam:
**„…, the Vietnamese People, …"**
Quelle: https://en.wikisource.org/wiki/Constitution_of_Vietnam_(2013)

Verfassung der russ(länd)ischen Föderation/ Verfassung Russlands:
**„Wir, das multinationale Volk der Russländischen Föderation, …"**
Quelle: http://www.constitution.ru/de/

Sozialistische/kommunistische Staaten/Staaten mit sozialistischem Bezug:

Laos

Indien (sic!)
**„WE, THE PEOPLE OF INDIA**, having solemnly resolved to constitute India into a SOVEREIGN SOCIALIST SECULAR DEMOCRATIC REPUBLIC ...“

Quelle: http://lawmin.nic.in/olwing/coi/coi-english/coi-4March2016.pdf

Venezuela
Bolivien
Ecuador
Äthiopien
Syrien
Nepal
Nordkorea

**27.02.2017**

**Im Krieg.**

**Fidel Castro:**

„Der Feind führt auch einen psychologischen Krieg."

Quelle: Fidel Castro, Mein Leben, Rotbuch Verlag, Berlin 2013, S.

**Wladimir Sergijenko:**

„Wir befinden uns – in der Ukraine wie auch global – in einem Informationskrieg. In konventionellen Kriegen werden Territorien okkupiert, heute geht es um die Besetzung von Meinungen. In der Ukraine, das wird immer deutlicher, ist der ‚Infoblitzkrieg' gescheitert, dass also die eine Seite die andere im ‚Propagandakrieg' überrannte und verlangte, entweder die eigene Position als einzig zulässige zu akzeptieren oder eben als Feind ausgeschaltet zu werden."

Quelle: „Der Propagandablitzkrieg ist gescheitert", Gespräch mit Wladimir Sergijenko, Junge Welt Nr. 48, 25./26. Februar 2017, S. 3